AF453322

L'ART
DE FAIRE
L'INDIENNE

A l'inſtar d'Angleterre,

ET de compoſer toutes les couleurs, bon teint, propres à l'Indienne.

SUIVI de la façon de faire toutes les couleurs en liqueur, pour peindre ſur les étoffes de ſoie, pour la mignature, le lavis des plans, & pour colorer les bois, les plumes, la paille, le crin, &c.

Par M. DELORMOIS, deſſinateur du Roi, & coloriſte.

A PARIS,

Chez CHARLES-ANTOINE JOMBERT, Libraire du Roi, rue Dauphine.

M. DCC. LXX.

Avec Approbation & Privilege du Roi.

AUX AMATEURS

DE CET ART,

ET AUX DAMES.

•

Messieurs et Dames,

Puisque vous aimez la peinture & le deſſein, & ſur-tout celle qui ſe travaille ſur les étoffes, & que pluſieurs d'entre vous témoignent un grand deſir de ſavoir faire les belles couleurs en liqueur, pour peindre ſolidement ſur toutes ſortes d'étoffes de ſoie, j'ai penſé qu'il ne vous feroit pas déſagréable de les trouver dans ce petit ouvrage, ſi belles & ſi faciles à faire, qu'il eſt preſqu'impoſſible de manquer ſon opération. Je les ai détaillées avec toute la franchiſe & la naïveté qui

a iij

m'a été poſſible, afin que ceux qui voudront ſe donner cette ſorte d'occupation ou de divertiſſement, y puiſſent trouver d'eux mêmes quelque ſorte d'introduction à l'art de peindre ſur les étoffes, auſſi-bien qu'à celui de faire de l'indienne, & pour inviter ceux qui y excellent à nous communiquer de même ce qui eſt venu à leur connoiſſance.

Je puis bien aſſurer qu'en ceci je n'ai point eu d'autre intention que de me rendre utile, & que je n'ai rien du tout réſervé ni déguiſé de ce que j'en ai pu ſavoir juſqu'à préſent. Trop heureux ſi je réuſſis au gré & au contentement de quelqu'un, j'en ſerai bien ſatisfait ; ſinon, je ne laiſſerai pas d'avoir ſuivi les ſentimens qui me feront dire toute ma vie, que je ſuis,

MESSIEURS ET DAMES,

Votre très-humble & très-obéiſſant ſerviteur,

DELORMOIS.

AVERTISSEMENT.

Sans vouloir ici faire l'éloge de l'indienne, quoique cette branche de commerce soit très-considérable en France, depuis la tolérance & la permission de les fabriquer, mon dessein est seulement de faire connoître aux fabriquans, aux ouvriers, & aux amateurs, toutes les difficultés qui se rencontrent en fabriquant l'indienne, dont plusieurs arrêtent souvent un coloriste ou un entrepreneur qui veut travailler en tâtonnant, & qui fait autant de mauvaises pieces que de bonnes, ce qui lui cause une perte irréparable.

Pour preuve de ce que j'avance, je suis en état de citer plus de soixante manufactures

d'indiennes qui se font succes-
sivement établies en France, &
qui se font ruinées. Je ne cher-
cherai point ici à approfondir
par quel vice ces manufactures
ont manqué ; mais je dirai feulement que le peu d'expérience que
les entrepreneurs avoient dans la
connoissance des drogues , dans
l'établissement des outils & des
machines , & dans la manipulation en général , en a été la principale cause , ce qui n'a pas peu
contribué à décréditer ce genre
d'étoffes , sur-tout celles qui se
fabriquent en France. Le public a
bien payé l'apprentissage de toutes ces nouvelles fabriques , en
achetant des indiennes qu'elles
exposoient en vente ; les unes,
dont les couleurs mal faites, s'en
alloient au second ou au troisieme lavage ; les autres , dont
les toiles étoient pourries sur le

pré, faute de ſavoir les blanchir.

Quoique l'on fabrique à préſent un peu plus ſûrement, & avec plus de connoiſſance, les raiſonnemens que je donne ici ſur cette ſorte d'ouvrage, ne laiſſeront pas d'être bien accueillis, même par les plus ſavans *indienneurs*, puiſque dans toutes les fabriques où j'ai paſſé, ſur-tout dans celles de Suiſſe, qui ſont en grand nombre, & très-conſidérables, les fabriquans ſe ſont fait un devoir de ſuivre les principes que je leur ai donnés, ſoit pour la diſtribution des couleurs, ſoit pour l'arrangement des deſſeins, & l'on s'eſt apperçu ſenſiblement que ces mêmes manufactures de Suiſſe ont mis au jour, depuis trois ans que j'y ai paſſé, des ouvrages, dont les Anglois même ont été ſurpris, & que les Suisses avoient auparavant jugé impossibles.

J'ai fait fabriquer à Neuchâtel, dans les manufactures de Messieurs Bourdalaise & Dupaquet, Deluse & Cartier, de Demontmollins, de Jean Renaux, Brand & compagnie, de Deluse & Bosset, des desseins qui portoient jusqu'à cent quatre-vingt planches, ce qu'on n'avoit pas encore vu jusqu'alors ; c'est aussi ce qui a surpris bien des négocians dans ce genre de commerce.

On peut voir ces desseins, dont il est ici question, chez tous les débitans d'indienne du royaume, & particuliérement chez ceux de Paris, dont plusieurs demeurent dans l'enclos de l'abbaye S. Germain-des-Prés.

Loin de croire que tous les fabriquans d'indienne m'en voudront d'avoir rendu leurs secrets publics, j'espere qu'ils m'en sauront bon gré, & je suis persuadé que plusieurs d'entre eux feront usage des avis que je leur donne, soit dans un genre, soit dans un autre.

Quant à l'utilité des couleurs en liqueur, dont j'enseigne les procédés dans la seconde partie de cet ouvrage, il est aisé de s'en convaincre par la quantité de personnes auxquelles elles sont propres, à commencer par tous les peintres, architectes, sculpteurs, dessinateurs, qui trouveront dans ce livre de très-belles couleurs, & faciles à faire pour peindre à gouasse & en mignature, pour laver leurs esquisses & les plans, & colorer les desseins.

Tous les indienneurs, en général, ont besoin de ces cou-

leurs , pour peindre leurs deffeins avant que de les exécuter.

Toutes les faifeufes de fleurs artificielles trouveront dans ce livre de quoi teindre leurs cocons ,
leurs mouffelines , leurs papiers,
plumes , parchemins , & généralement tout ce qui leur fert à
faire des fleurs artificielles.

Les peintreffes en éventails ,
& les enlumineufes d'eftampes y
trouveront des couleurs admi-
rables pour leur profeffion.

Les teinturiers & dégraiffeurs
y trouveront toutes fortes de
couleurs pour teindre à froid
toutes fortes d'étoffes , & particuliérement celles de foie.

Les manchonniers & les fou-
reurs s'en ferviront pour teindre
les plumes & les poils.

Ces couleurs font encore ex-
cellentes pour teindre la paille ,
le bois , les peaux blanches , &
le crin.

Elles font très-propres auffi pour redonner la couleur aux tapifferies paffées, foit de haute liffe ou autres de foie, laine, ou coton, & les rendre comme neuves, en paffant de la même couleur avec un pinceau fur les endroits qui feront effacés. On aura l'agrément de voir que ces couleurs feront plus belles & fe pafferont moins que les premieres, avec lefquelles les tapifferies font faites.

Toutes les perfonnes, de quelque condition qu'elles foient, qui font leur amufement de la peinture & du deffein, trouveront dans ce livre des couleurs portatives, aifées à faire, & point dégoûtantes, pour deffiner & peindre tout ce qu'elles voudront, & fur toutes fortes de matieres, comme toiles de toutes efpeces, étoffes de toutes qualités, ivoire, parchemin, papier, bois poli, marbre, plâtre, & même fur les glaces : ces couleurs étant d'un mordant furprenant.

TABLE
DES ARTICLES

Contenus dans ce petit ouvrage.

Fin de la Table de la premiere
Partie.

TABLE

DE LA

SECONDE PARTIE,

*Contenant la maniere de compo-
ser des couleurs en liqueur pour
peindre sur les étoffes de soie.*

Fin de la Table de la feconde & derniere Partie.

TEINTURIER
PARFAIT.

PREMIERE PARTIE.

L'Art de faire les Indiennes.

ARTICLE PREMIER.

De la compofition des deffeins en tous genres.

COMME dans prefque toutes les manufactures d'indienne, tant en France que chez l'étranger, on trouve rarement de bons deffinateurs, je m'étendrai un peu fur ce fujet pour encourager & donner du goût aux jeunes gens qui fe deftineroient à faire des

A

deſſeins pour les manufactures d'indienne. Depuis que l'indienne eſt to-
lérée en France, il s'y eſt élevé pluſieurs fabriques de cette étoffe ; mais
comme ſur près de cent manufactures
il y en a quatre-vingt qui n'ont pas pu
ſubſiſter, on eſt convaincu que c'eſt
en partie le nombre des pieces man-
quées & les mauvais deſſeins qui en
ont été la principale cauſe. La plupart
des entrepreneurs n'ayant aucune connoiſſance dans la fabrication d'indienne, étoient obligés de s'en rap-
porter à ce que leur diſoit un ſoi-di-
ſant coloriſte, qui n'avoit été dans
ſon pays qu'un pileur de drogues & un
chauffeur de chaudiere. Quant aux deſſeins, on n'en a jamais vu ſortir des
manufactures de France que très-peu
de raiſonnés, ſi ce n'eſt de celle d'O-
range, qui avoit un deſſinateur de Lyon:
outre cela, les aſſociés achetoient &
faiſoient faire des deſſeins par des ar-
tiſtes à Paris & ailleurs, & ils copioient
les échantillons des Anglois d'aſſez
près. C'eſt ſans contredit cette fabrique qui a fait le mieux en France ;
car dans preſque toutes les autres, on

n'a jamais connu d'autres deſſinateurs que des graveurs, qui, à force de calquer des deſſeins ſur le bois pour graver, ſe ſont inſenſiblement cru deſſinateurs, & ſe ſont donnés pour tels. Je laiſſe à penſer ſi ces gens-là, qui ne deſſinoient que machinalement, étoient en état de raiſonner un deſſein d'étoffe : car l'intention des indienneurs doit être d'habiller les femmes & de meubler les appartemens, par conſéquent on doit ſuivre les mêmes regles que pour les deſſeins d'étoffes de ſoie, en aſſujettiſſant ces regles à la manipulation de l'indienne autant qu'il eſt poſſible, comme nous allons le démontrer.

Un deſſinateur doit embraſſer tous les genres de deſſeins d'étoffes, & doit connoître la fabrication, pour diſpoſer ſes deſſeins & les colorer en conſéquence du genre d'indienne que l'on veut faire ; j'en diſtinguerai principalement de douze différens genres, ſavoir :

L'indienne calanca.
Le demi-calanca.
L'indienne ordinaire.

La patenace.
La petite façon.
La mignature.
La péruvienne pour habits d'hom-
Le double bleu.   (me.
Le double violet.
Le camayeu de toutes couleurs.
L'indienne pour deuil.
L'indienne porcelaine.
Les mouchoirs à double face, &c.

Pour chacun de ces genres d'indienne, il faut compofer fes deffeins différemment. Pour calanca fin,
comme-c'eft une étoffe qui peut fup-
porter un certain prix, on peut multiplier les couleurs jufqu'à trois en
tous genres; & avec trois couleurs &
le blanc, on peut rendre une fleur
comme la nature, en ayant recours
aux couleurs mixtes, comme rouge
fous violet, pour faire cramoifi; violet
fous bleu, pour faire double bleu;
jaune fur violet, pour faire couleur
de bois, terraffe, & feuille morte;
jaune fur bleu, pour faire verd; jaune
fur rouge, pour faire fouci, &c.
Il faut qu'un deffinateur faffe valoir

dans ſes deſſeins calanca tous ces mêlanges de couleurs, pour multiplier
ſes couleurs & enrichir ſes deſſeins.
Il faut auſſi qu'il faſſe valoir dans ſes
fleurs le blanc & le noir, excepté dans
les fleurs rouges, où l'on ne met pas
de noir ; mais il faut ménager les parties blanches & noires à propos.

Comme toutes licences ſont permiſes dans les deſſeins d'indienne, on
y peut mettre de tout pour calanca,
comme fleurs naturelles, fleurs & fruits
des Indes & de fantaiſie, rubans, dentelles, galons de toute eſpece : on y
met quelquefois des payſages, & même
des animaux, ſur-tout des papillons,
des inſectes & des oiſeaux ; mais on
a toujours éprouvé que les deſſeins
qui approchoient le plus de la nature
étoient les plus recherchés. Lorſque
les fleurs naturelles qu'on y met ſont
bien deſſinées & bien peintes, que la
toile & l'exécution répondent à la correction du deſſein, cela fait une indienne qui ſe vend auſſi-tôt qu'elle eſt
faite. Un deſſinateur doit donc s'attacher à faire des deſſeins naturels, &
ne jamais mettre ſur la même tige des

fleurs de plufieurs efpeces. Il doit éviter de même de mettre plufieurs couleurs dans la même fleur ; c'eft-à-dire,
que dans une rofe, par exemple, il
ne doit y avoir que du rouge, dans
une jacinthe que du bleu, dans une
jonquille que du jaune, dans une violette que du violet, &c. Il y a cependant de certaines fleurs qui font fuf-
ceptibles de plufieurs couleurs, comme
les anémônes, les tulipes panachées,
les penfées, &c. mais il faut qu'un
deffinateur fache bien diftribuer fes
couleurs, afin que la confufion n'em-
brouille pas l'imprimeur ni le colorifte. Un deffinateur favant & entendu dans l'art de faire l'indienne,
doit s'attacher à la belle fimplicité ;
il faut que fes objets foient bien diftingués, que dans un deffein il n'y ait
jamais qu'un objet dominant, & que
tout le refte foit léger & acceffoire au
fujet principal du deffein.

Pour les demi-calancas, on ne met
que deux rouges, un violet, un verd,
un jaune, un bleu ; mais en faifant
valoir les couleurs, comme lorfque l'on
met le violet fous le bleu, cela fair

deux bleus ; le violet fous le rouge , cela fait couleur de vin. On peut auffi faire plufieurs verds , en laiffant quelques feuilles & quelques parties de feuilles en jaune, en ne mettant point de verd deffus ; cela fait deux verds ; & par le moyen du noir , on en peut faire un troifieme , lorfqu'il eft bien diftribué. On peut auffi faire de jolies couleurs de bois , qui peuvent fervir pour des fleurs , en mettant le jaune fur le violet , qui eft déja ombré de noir ; cela fait trois couleurs à peu de frais.

Les indiennes ordinaires ou communes ne fe font qu'avec une ou deux couleurs , comme tout noir ou tout rouge , & noir & rouge ; c'eft au deffinateur à enrichir fes deffeins par la gravure. On peut encore faire de jolies chofes dans ce genre-là , en faifant valoir les picotages , & les hachures perpendiculaires , horifontales , & diagonales.

Le chagriné n'eft autre chofe que des petits trous fort près les uns des autres, ce qui fait un fond fablé de petits points blancs. Comme avec les

picots de différentes groffeurs on fait
des fonds fablés de petits points noirs ,
on peut faire plufieurs fortes de petits
deffeins en mofaïque avec ces fortes
de gravures, & les Anglois l'ont fouvent employée avec fuccès dans les
fleurs, & dans les galons & dentelles.

Les patenaces ne font autre chofe
que des indiennes ordinaires , dans
lefquelles on ajoute du bleu & du
jaune : on obfervera que les toiles
doivent être d'une meilleure qualité.

Les petites façons fe font encore
avec quatre couleurs, qui font, noir,
rouge , bleu & jaune : fouvent on n'y
met point de jaune. On emploie pour
ce genre de belles toiles , & on peut
faire de très - jolies chofes ; mais il
faut que le deffinateur s'affujétiffe à
ne faire fes fleurs les plus groffes que
comme un pois, ou tout au plus comme
une noifette , & beaucoup de petites
chofes en picotage.

Les péruviennes font des deffeins
que l'on tire ordinairement des dro-
guets & des luftrines de foie, ou autres
étoffes , pour habits d'homme ; c'eft
dans ces fortes d'indiennes qu'on peut

faire valoir le noir avantageusement : les desseins les plus simples sont les meilleurs. Il ne faut pas qu'un dessein porte plus de quatre couleurs, & même à trois couleurs on réussit toujours mieux ; car la confusion des couleurs, dans ce genre d'indiennes, fait qu'elles s'exécutent toujours mal.

Les doubles bleus se gravent tout en noir & les fleurs toutes ombrées, de façon qu'en mettant du violet pour les demi-teintes & une teinte générale de bleu, en réservant cependant des blancs dans les grands objets, cela fait un camayeu bleu. On en fait aussi à trois bleus, par le moyen d'un violet dessous & de deux bleus par-dessus.

Les doubles violets se dessinent de la même maniere : on ombre les fleurs de noir, & on rentre un violet par-dessus, ce qui donne deux violets : pour les toiles fines, on y rentre deux violets, ce qui fait avec le noir trois violets. Dans ces desseins on peut mettre de tout, selon la fantaisie ; mais il faut toujours s'attacher à la correction du dessein.

Les camayeux rouges se font de la

même façon ; toute la différence qu'il y a, c'est que l'on imprime la planche en rouge brun , que l'on nomme fin rouge.

On fait aussi des indiennes pour deuil : les unes se font à fond noir, & d'autres les fleurs noires & fond blanc , un peu garni. C'est dans ces sortes de sujets qu'un dessinateur peut faire valoir le picotage & le chagrinage. On peut aussi imiter la gravure en taille-douce, par le moyen de deux planches, dont les hachures se croisent à l'impression ; ce qui fait que les desseins paroissent gravés en planches de cuivre.

Les indiennes qui imitent la porcelaine s'impriment avec de l'indigo, comme il est dit article 60 , & ne vont point sur le pré.

Les mouchoirs à double face se font à la cuve avec un réservage , comme il est enseigné article 59.

Ces desseins se composent sur du papier bleu , & se dessinent avec du blanc : par ce moyen on voit aussi-tôt l'effet de son dessein.

En général les desseins d'indiennes

doivent être leftes & les fujets bien
diftingués ; il faut qu'il y ait toujours
dans chaque deffein un fujet qui do-
mine , foit par les fleurs , foit par la
couleur , & faire enforte que les deffeins fe coupent , foit en long , foit
en large ; cela fait immanquablement
un bon effet , parce que les deffeins
ne font prefque jamais bande , & les
fujets fe cadrillent toujours mieux dans
le tout enfemble. Au refte , un deffinateur doit s'appliquer à ménager les
couleurs , pour mettre le colorifte à
fon aife & rendre l'étoffe moins coû-
teufe.

ARTICLE II.

De la conftruction des planches à graver,
& de la qualité du bois.

On fe fert de cinq fortes de bois
pour graver ; favoir , le buis , le houx ,
le poirier , le tilleul & le noyer. Le
buis ne s'emploie que pour des deffeins extrêmement mignons , & pour
des petits bouquets ; je n'ai point vu
de fabrique qui s'en ferve communément. Le houx eft un fort bon bois

pour graver, & qui dure long-tems ; mais les plus larges planches que j'aie vues, ne portent que quatre à cinq pouces de large, de façon qu'il faut les joindre enſemble pour graver un deſſein à trois chemins, & je n'ai vu qu'une manufacture à Angers qui s'en ſert, par rapport à la rareté de ce bois.

Le poirier eſt le bois dont on ſe ſert ordinairement dans toutes les manufactures, excepté les planches pour rentrer les couleurs, qu'on peut faire quelquefois de tilleul. On ſe ſert auſſi de noyer pour graver de gros deſſeins, & particuliérement des meubles & des mouchoirs en quatre coups de moule. En général tous les bois dont on ſe ſert pour graver doivent être ſecs, & ceux qui veulent bien fabriquer, les laiſſent encore ſécher quelques mois après avoir été rabotés & dreſſés. Il faut que les planches ſoient dreſſées par un bon menuiſier ou ébéniſte. J'ai toujours vu dans les bonnes manufactures d'Angleterre, d'Hollande, & de Suiſſe, qu'on faiſoit dreſſer les planches des deux côtés ; mais le côté qui eſt deſtiné à être gravé, doit être beaucoup mieux dreſſé que l'autre. Enſuite ſi les planches

font de deux pouces d'épais, on les
scie en trois dans l'épaiſſeur, de façon
que l'on gagne les deux tiers de bois.
Après que les planches ont été ſciées
& rabotées, cela vous donne des planches d'un demi-pouce ou environ, que
l'on double, du côté qui ne doit pas
être gravé, avec une planche de ſapin
d'un demi-pouce, en mettant le fil du
ſapin en travers du fil du poirier. On
double cette planche encore une fois
avec une planche de bois de chêne, auſſi
d'un demi-pouce, en mettant encore le
fil du chêne en croix ſur celui du ſapin :
bien entendu que la planche de poirier doit être coupée à la grandeur du
deſſein qui doit être gravé deſſus. On
fait tenir ces deux doublures avec de la
colle forte : les ébéniſtes ſavent coller
le bois de façon qu'il ne ſe décolle jamais. Quand la planche eſt gravée, on
la cheville, & l'on y met des écrous
de fer dans trois ou quatre endroits,
où il n'y a point de gravure.

Quelques perſonnes pourront ſe ré-
crier ſur les frais qu'exige cette préparation des planches ; mais je leur ré-
pondrai qu'ils ſont libres de s'y con-

former ou non : je ne fais ces observa-
tions que d'après les Anglois, qui sont
sans contredit les meilleurs fabriquans d'indiennes que l'on ait en Eu-
rope. Au reste, lorsque l'on a du bois
de poirier à discrétion, on peut se
passer de doubler les planches, sur-
tout quand elles sont petites.

<h2 style="text-align:center">Article III.</h2>

De la gravure en bois, & des outils
propres à cet art.

Un bon graveur doit avoir une douzaine de petites gouges, dont la premiere & la plus petite fasse environ
la circonférence d'une grosse épingle,
& toujours en augmentant en grosseur
par degrés, de façon que la derniere
des douze fasse la grosseur d'un pois.
Il lui faut encore deux ou trois grosses
gouges pour vuider & pour écorner
les planches gravées : on trouve faci-
lement de celles-ci, parce que tous
les sculpteurs s'en servent. Il doit avoir
ensuite une douzaine de boute-avants :
c'est un petit outil qui coupe de plat,
& qui est crochu comme une truelle ;

le plus petit doit être auſſi mince
qu'une piece de ſix liards, pour vuider
les plus petits endroits, & toujours en
augmentant, de façon que le plus gros
porte la largeur d'un quart de pouce,
pour vuider dans les plus grands endroits. Il lui faut encore une pointe :
c'eſt un outil avec lequel on coupe tous
les contours du deſſein que l'on grave.
Pour former cet outil, on fait faire
par un chaudronnier une douille de
cuivre de ſix pouces de long, avec un
renfort au petit bout, qui ne doit
avoir que quatre à cinq lignes de dia-
metre : le gros bout doit avoir huit à
dix lignes d'épaiſſeur. On fait tourner
un morceau de bois dur, qui entre
dans cette douille juſte, & qui ſoit
plus long que la douille de trois pouces
ou environ : on fait ſcier ce morceau
de bois dans le milieu ſur ſa longueur,
auſſi avant que la douille eſt longue,
dans laquelle fente on met le petit outil qui coupe, lequel eſt éguiſé en bec
de corbin. Il y a des graveurs qui ſe
ſervent de lancettes, d'autres font
faire des lames exprès ; mais le meil-
leur eſt de ſe ſervir de reſſort de

montre, que l'on coupe par le bout, que l'on trempe & que l'on éguife à fa façon. Un graveur a befoin d'un drille (*terme de l'art*) : cet outil fert à faire des trous, par le moyen des forets que l'on met dedans. On s'en fert, comme les horlogers, avec un archet. Il doit encore avoir un petit marteau de fer pour picoter, avec des matrices de différentes groffeurs, à proportion des picots que l'on veut planter dans la planche. Les picots fe font avec du fil de fer ou de laiton coupé par petits bouts d'environ quatre à cinq lignes, pour en faire entrer la moitié dans la planche ; l'autre moitié, qui eft dehors, doit être un peu plus haute que la gravure. Quand la planche eft toute pi-cotée, on la fait paffer fur une meule de grès à remoudre, & par ce moyen l'on ufe les picots par-tout également, jufqu'à la hauteur de la gravure. Il y en a qui ufent les picots avec une lime douce, mais cela dérange les picots, & l'opération eft plus longue.

Pour graver dans les regles, & pour éviter les caffures, la bonne façon eft de couper tout fon deffein avant que

de vuider, & même de faire les en-
coches du deſſus de la planche, dans
leſquelles l'imprimeur met ſes doigts
pour prendre la planche pour imprimer : car quand on fait toutes ces
choſes après que la planche eſt vuidée,
on riſque toujours de caſſer quelque
choſe ; ce qui eſt difficile à raccom-
moder.

Un graveur doit avoir un établi
ferme & ſolide, dans lequel il plante
une cheville de fer, qui excede le
deſſus de ſon établi d'un demi-pouce.
Cette cheville entre dans un trou que
l'on fait dans le milieu de la planche
que l'on veut graver, & la tient en
reſpect, ſans qu'elle puiſſe remuer
quand on coupe, ou quand on vuide:
Il doit auſſi avoir un maillet de bois,
ou une mailloche comme les tailleurs
de pierres, pour frapper ſur la groſſe
gouge, quand on s'en ſert pour vuider
& pour écorner les planches.

Article IV.

Maniere d'apprêter les toiles pour les imprimer, soit engallées ou sans être engallées.

On met tremper les pieces que l'on veut indienner dans une cuve remplie d'eau tiede pendant quelques jours, pour ouvrir les pores du coton & pour bien décreuser la toile ; ensuite on les fait bien laver & battre au foulon , puis on les relave encore & toujours à l'eau claire & courante. Après qu'elles ont été bien lavées & séchées, on les passe au cylindre ou à la calandre, pour écraser le grain de la toile : cela fait que l'imprimeur a moins de peine, la planche marque par-tout également & dure plus long-tems.

Si vous voulez engaller les toiles, comme on le fait ordinairement pour les indiennes qui sont toutes noires & blanches, il faut mettre dans une cuve propre , sur cent pintes d'eau , une livre de noix de galle pilée ou moulue en poudre ; la laisser infuser vingt-quatre heures , & la bien tourmenter

deux ou trois fois avec l'eau, pendant
cet espace de tems; après quoi on y
trempe les pieces que l'on veut engaller l'une après l'autre, & en les for-
tant de la cuve, on les tord à un mou-
linet qui est établi au-dessus de la cuve
exprès, pour que l'eau engallée re-
tombe dans la même cuve : on fait sécher les toiles comme ci-dessus, &
on les calandre de même.

Si l'on veut que les couleurs soient
brillantes & vives, avant que d'imprimer les pieces on les passe en bouse
de vache, ou encore mieux, en crottes
de mouton : ensuite on les fait laver,
battre, sécher & calandrer comme ci-
dessus.

Article V.

*Instruction pour bien imprimer les
pieces, avec des remarques sur les
inconvéniens qui arrivent aux impri-
meurs peu praticiens.*

Pour bien imprimer, il faut avoir
une table d'environ six pieds de long
sur deux de large & six pouces d'é-
paisseur. Cette table doit être bien

dreſſée, & montée ſur des pieds qui auront quatre pouces en quarré, & bien aſſemblés par le bas d'une bonne traverſe, de façon que le tout faſſe un bloc peſant & ſolide. J'ai vu des manufactures où l'on ſe ſervoit de tables de marbre ou de pierre dure, & c'eſt la meilleure façon, parce qu'elles ne ſe déjettent pas commes celles de bois, qu'il faut raboter de tems en tems pour les redreſſer.

Ces tables doivent être couvertes de deux tapis de drap ou de ſerge fine, bien tendus & attachés aux quatre coins de la table avec quatre broquettes, de façon qu'on puiſſe les défaire de tems en tems pour changer de drap lorſqu'il eſt ſale par la couleur qui paſſe au travers de la toile en l'imprimant. On fait laver & battre ces tapis, & on les fait ſécher pour en changer à meſure qu'ils ſe ſaliſſent.

Les baquets dans leſquels on étend la couleur pour la prendre avec la planche, doivent être de trois pouces en quarré plus grands que les plus grandes planches que l'on peut avoir : le premier baquet doit être aſſemblé

avec un fond de planches, de façon
qu'il tienne l'eau ; fes bords doivent
avoir fix pouces de hauteur ; on l'em-
plit à moitié de gomme du pays, dif-
foute dans de l'eau, de façon qu'elle foit
épaiffe comme de la bouillie. On met
deffus cette bouillie un chaffis qui entre
jufte dans le grand baquet, lequel a
trois pouces de bord & eft foncé avec
de la toile cirée, clouée tout à l'en-
tour des bords en dehors, de maniere
que la gomme ne paffe pas au travers.
Dans ce fecond chaffis on en met encore un, qui n'a que deux pouces de
bord, & qui eft foncé avec du drap
fin, bien tendu & cloué tout au tour
avec de petites broquettes fort près
les unes des autres. C'eft dans celui-
là & fur ce drap que l'on étend la
couleur, ainfi qu'il fera expliqué plus
au long à fon article.

On fe fert, pour étendre la couleur
gommée avec de la gomme d'Arabie,
d'un morceau de chapeau double &
grand comme la main, qui aura été
bien lavé & bien dégraiffé. Pour la couleur qui aura été gommée avec l'amidon, on fe fert d'une broffe plate, faite

de poils de cochon un peu longs ; on
en connoîtra bientôt l'ufage en voyant
quelqu'un travailler. Quand un imprimeur commence une piece, il faut
qu'il place fes planches fur une ligne
droite, & qu'il examine auparavant fi
quelque planche n'eft pas voilée, tour-
mentée, ou gauche (*termes de l'art*) ;
c'eft-à-dire, fi elle n'eft point droite,
ce qui fait qu'elle ne marque pas par-
tout également. Si elles font gauches,
on les fait redevenir droites en mouil-
lant la planche du côté qui eft creux,
& chauffant l'autre côté au foleil ou à
un feu doux, ce qui la fait redevenir
droite. Il faut auffi prendre garde fi les
quatre picots ou points de raccord font
dans un jufte carré, fans quoi l'imprimeur ne pourra jamais raccorder fon
deffein exactement : il faut pour cela
qu'il prenne le point du milieu de fa
planche, & qu'avec un compas il
trouve ces quatre picots à la même
diftance du milieu : fi cela fe trouve
jufte, la planche doit être quarrée.
Alors il prend de la couleur dans le
chaffis le plus également qu'il peut;
il frappe fur fa planche avec le manche

d'un maillet de bois le plus lourd qu'il
est possible , qu'il tient de la main
gauche. C'est à la pratique qu'il faut
avoir recours pour connoître toutes
les petites précautions qu'il est néceffaire de prendre , qui font infinies &
qui ne peuvent pas s'écrire ; mais elles
s'apprennent promptement, pour peu
que l'on ait d'adreffe & d'intelligence.

Il y a encore une autre forte d'imprimeur , que l'on nomme *rentreur :*
celui-ci n'imprime que les planches
qui rentrent dans la premiere planche
d'impreffion , & qui font toutes les
différentes couleurs ; ainfi il en faut
autant que de couleurs. Si l'on veut ,
par exemple , faire une indienne qui
ait trois rouges , trois violets , &c.
il faut que , d'après le deffein enlumi-
né, on calque fur autant de planches
comme il y a de couleurs ; ce qui fe
fait , en fuivant correctement le deffein peint. Premiérement pour le rouge
pâle , on calque exactement tout ce qui
est rouge pâle , en faifant toutefois des
rapports qui indiquent au rentreur où
il doit pofer fa rentrure , pour qu'elle
fe trouve jufte dans les fleurs qu'elle

doit enluminer. Ces rapports fe pren-
nent fur un bout de feuille, ou fur un
bout de branche, & l'on fait enforte
qu'il y en ait au moins deux ou trois.
On fuit le même principe pour toutes
les autres couleurs qui ne font pas de
la planche premiere. On obfervera
auffi que les contours des fleurs qui
doivent être rouges fe gravent à part,
& doivent avoir des points de rapport
comme les autres rentrures. Cette
planche s'imprime immédiatement
après la premiere impreffion noire.
Quant à la main d'œuvre de la table
& du chaffis, c'eft toujours la même.
On remarquera qu'il faut avoir autant
de chaffis que de couleurs, pour les
ôter & les remettre à chaque fois que
l'on change de couleur.

Tout imprimeur ou rentreur doit
avoir une jeune perfonne qui foit toujours au chaffis, pour étendre la couleur à chaque fois que l'imprimeur en
veut prendre, & pour lui aider à tirer
la toile, & à l'arranger bien unie
toutes les fois qu'il a fini une tablée.

Auffi-tôt que les pieces font imprimées, on les porte à l'étendage pour
les

les faire bien fécher ; plus on laiſſe
long-tems les pieces fécher , & plus
les couleurs en ſont ſolides & belles.

ARTICLE VI.

Maniere de laver les pieces après
l'impreſſion.

Lorſque les pieces ſont bien feches
& qu'on veut les paſſer par la garance,
on les met tremper deux ou trois heures
dans de l'eau courante, en les attachant
par le bout à un piquet. Après les avoir
trempées , on les bat au foulon , on les
tord & on les aſſemble par les bouts
pour les paſſer ſur le tourniquet, comme
on va l'expliquer. En les lavant bien ,
cela ôte toute l'âcreté des ſels avec leſquels les mordans ſont compoſés : ſans
ce lavage , il arriveroit que le bouillon
de garance , dans lequel on les paſſe ,
ſe noirciroit & terniroit toutes les couleurs.

ARTICLE VII.

Façon de paſſer les pieces en garance.

Voici l'opération la plus épineuſe
de toute la fabrication d'indienne ,

parce que c'eſt elle qui décide du ſort des couleurs, de leur beauté & de leur ſolidité. C'eſt cette opération qui a cauſé la ruine de pluſieurs fabriques, par la faute de l'ouvrier qui ignoroit toutes les précautions qu'il eſt néceſſaire de prendre : car quand une piece eſt manquée à cette opération, il n'y a point d'autre remede que de la teindre en noir, & de la vendre pour doublure; ce qui n'arrive que trop ſouvent dans les nouvelles manufactures qui s'établiſſent tous les jours. Je vais donner ici la façon des Anglois, des Hollandois & des Suiſſes, qui ſont ceux qui réuſſiſſent le mieux dans ce genre de travail.

Dans les meilleures fabriques d'Angleterre, on ne garance qu'une fois les pieces, & les trois rouges, les trois violets, &c. ſortent de ce même bouillon tels qu'ils doivent être.

J'ai vu en Hollande une manufacture où l'on paſſe les pieces par la garance autant de fois qu'il y a de rouges; on y continue cette maniere, parce que les bois y ſont à bon marché, & que les couleurs ſe dégradent & ſe diſtinguent mieux.

En Suisse, pour les calancas qui portent trois rouges & trois violets, on passe les pieces deux fois par la garance ; savoir, une fois après l'impression du noir & du premier rouge, dit fin rouge, ce qu'ils appellent retirer ; ensuite on garance une seconde fois, après avoir réimprimé les second & troisieme rouges & violets ; c'est la façon de M. *Claude Dupaquet*, fabriquant à Neufchâtel, qui fait des ouvrages aussi beaux qu'en Angleterre. En général, pour passer les pieces en garance, après qu'elles sont imprimées, on met dans une chaudiere bien propre & pleine d'eau de riviere, trois livres de bonne garance-grappe, d'Hollande, par piece fond blanc : si les pieces sont à fond de couleur, il en faut quatre livres par piece & quelquefois cinq, sur-tout si les fonds sont rouges. Lorsque la garance est dans la chaudiere, & que le feu est allumé dessous, on agite bien l'eau pour faire dissoudre la garance ; lorsque le bouillon commence à chauffer, on passe les pieces dedans, de la façon qui suit.

Il y a deſſus la chaudiere un tourniquet en façon de devidoir, qui eſt
auſſi long que la chaudiere eſt large*.
On devide les pieces deſſus, comme
on devideroit du ruban, & un com-
pagnon, avec deux bâtons à la main,
enfonce à meſure, pour éviter que les
pieces ne s'embrouillent, & pour que
la garance faſſe ſon effet par-tout également; quand on eſt au bout, on retourne de l'autre côté & on devide ainſi
toujours, juſqu'à ce que la chaudiere
bouille. On les laiſſe bouillir un quart
d'heure, plus ou moins, ſelon que les
couleurs ont pris plus ou moins de
force : mais plus on les laiſſe bouillir,
plus les couleurs ſe bruniſſent. A cet
égard, il eſt à craindre que les couleurs, à force de brunir, ne ſe ter-
niſſent. Lorſqu'on croit que les pieces
ont pris aſſez de couleur, on les retire, en les devidant ſur le tourniquet
comme une piece de ruban. Auſſi-tôt
on les redevide & on les jette à la riviere, en les attachant au piquet comme
ci-devant; car ſi on les laiſſoit ſur le
tourniquet, au ſortir de la chaudiere

---

* Tous les teinturiers ſe ſervent de cet outil.

bouillante, elles fe tacheroient toutes,
& les couleurs fe terniroient. Il faut
faire la même chofe toutes les fois que
l'on garance.

Aʀᴛɪᴄʟᴇ VIII.

*Différentes manieres de blanchir les
pieces après qu'elles ont paffé par la
garance.*

Il y a plufieurs façons de blanchir
les pieces après qu'elles font garancées ;
mais la meilleure, eft de les laiffer
tremper vingt-quatre heures en for-
tant de la garance, enfuite de les faire
bien battre au foulon, & de les mettre
fur le pré : on les y attache avec des
petits piquets aux quatre coins, & de
diftance en diftance le long des lifieres.
On a pour cet effet un petit bout de ficelle qu'on met dans le piquet, & que
l'on attache avec une épingle à la li-
fiere de la piece, de façon que toutes
les pieces étant attachées l'une à l'autre,
elles fe tiennent bien tendues. Après
qu'elles font ainfi bien attachées, on
les arrofe auffi-tôt qu'elles fechent,
avec une écope, efpece d'arrofoir fait

comme les pelles creufes avec lefquelles on vuide l'eau des bateaux : il
y en a de bois, & d'autres de fer blanc;
celles-ci valent mieux : elles ne caffent
pas fi vîte, tiennent davantage d'eau
& font plus légeres, & par conféquent
propres à lancer l'eau plus loin. On
juge bien par-là qu'il faut avoir des ré-
fervoirs d'eau dans des canaux, de diftance en diftance, de façon qu'on puiffe
mettre huit à dix pieces de front entre
deux canaux, dans lefquels l'arrofeur
puife de l'eau avec fa pelle, pour la
lancer fur les pieces comme une pluie.
Il faut qu'il ait foin de ne pas laiffer
trop fécher les pieces, fur-tout quand
le foleil eft ardent. On obfervera auffi
que le beau côté des pieces doit être
deffous.

Auffi tôt que l'on voit que les pieces
commencent à blanchir, on les retire
de deffus le pré, & on les fait bouillir dans une fuffifante quantité d'eau,
dans laquelle on met, pour dix feaux,
un feau de boufe de vache : cette eau
a la propriété de décraffer les pieces &
d'aviver les couleurs; par ce moyen
elles font plutôt blanches & reftent

moins fur le pré, ce qui fait un grand avantage.

Article IX.

Façon de faire le mordant noir avec la vieille ferraille : très-bon & éprouvé.

On prend une quantité de ferraille que l'on fait bien laver, enfuite on la met dans un tonneau, & fur cinq livres pefant de ferraille, on jette deffus douze pintes de bon vinaigre : le tonneau étant fur cul, on aura au bas un robinet, par lequel on foutirera la liqueur trois ou quatre fois le jour, en la reverfant toujours dans le même tonneau, & cela pendant cinq ou fix femaines. On y ajoute de plus, en mettant tremper la ferraille, fur cinq livres pefant, trois livres de verd de gris, & autant de bois d'inde, avec deux onces de galle pilée ; plus elle eft vieille, meilleure elle eft ; quand elle devient trop épaiffe, on y ajoute de l'eau.

Article X.

Préparation du noir pour imprimer.

On prend de ce bouillon ou de cette liqueur de ferraille, & sur chaque pinte on y met demi-once d'antimoine & un quart d'once de vitriol de Chypre ; pour le rendre d'un plus beau noir, on y met encore demi-once de limaille de cuivre rouge, brûlé avec de l'eau forte & réduit en poudre. On fait bouillir le tout ensemble pendant une demi-heure, en l'écumant toujours ; ensuite on le gomme ou amidonne. Pour chaque pinte de couleur, il faut une livre de gomme arabique, ou quatre onces d'amidon bien détrempé & cuit à part.

Article XI.

Autre maniere de faire du noir avec de la limaille de fer ; bon pour noir, violet & jaune solide. Eprouvé.

On prend de la limaille bien propre, que l'on met rouiller à l'air sur des planches de bois blanc, après l'avoir lavée dans cinq à six eaux : on l'arrose de tems en tems avec de la saumure de harengs , ou bien , faute de cette saumure , avec de l'urine : lorsqu'elle est bien rouillée d'un côté, on la retourne & on l'arrose toujours, jusqu'à ce qu'elle le soit autant de l'autre ; ensuite on la pile un peu & on la met dans un tonneau. Pour chaque livre de limaille , on y met six pintes de vinaigre : on soutire la liqueur comme on l'a expliqué ci-devant.

ARTICLE XII.

Préparation de cette composition pour imprimer en noir.

Sur douze pintes de cette liqueur, on y ajoute neuf onces d'antimoine, quatre onces de vitriol de Chypre, quatre onces de verd de gris ; on fait cuire ce mélange de la même maniere que le précédent : pour le gommer , il faut trois livres & demie d'amidon, que l'on détrempe peu à peu avec de l'eau froide dans un vase à part. Ayant retiré la couleur de dessus le feu, on y verse l'amidon détrempé, & on remue sans cesse, jusqu'à ce que la couleur soit froide ; après quoi on la passe par le tamis ou à travers un linge, & alors elle est faite.

ARTICLE XIII.

Composition du premier violet, ou du violet foncé pour calanca.

Prenez douze pintes de noir, fait avec la limaille de fer de l'article XI, ajoutez-y six pintes de vinaigre, trois livres de salpêtre ou sel de nitre, trois livres de sel gemme, quatre onces de vitriol de Chypre, quatre onces de verd de gris, huit onces d'eau forte tirée sur la limaille de cuivre rouge. On le fait cuire comme le noir, & on le gomme ou amidonne de même.

ARTICLE XIV.

Maniere de faire passer l'eau forte sur la limaille de cuivre rouge.

Sur quatre livres de limaille de ce cuivre, on verse une livre d'eau forte dans une bouteille de verre, débouchée & exposée à l'air, pour n'être pas incommodé de la fumée qui en sort : on laisse cette liqueur travailler jusqu'à ce qu'elle soit verte comme de l'herbe. On garde cette dissolution dans une bouteille, pour s'en servir au besoin.

La livre dont on entend parler dans cet ouvrage est de 16 onces.

ARTICLE XV.

Maniere de faire un second violet pour calanca.

On prend moitié de couleur noire de l'article XI, & moitié de vinaigre; sur douze pintes, on met trois livres de salpêtre, trois livres de sel gemme, une once de vitriol de Chypre, demi-once de verd de gris, un quart d'once de sel ammoniac; ensuite on le cuit & on le gomme comme le premier.

ARTICLE XVI.

Autre second violet pour calanca.

On prend moitié de la couleur noire de l'article XI, & moitié de vi-naigre, & l'on met sur douze pintes six livres de salpêtre, six livres de sel gemme, & un quart d'once de sel ammoniac. On fait cuire le tout, & on le gomme comme les autres.

Article XVII.

Pour faire le troisieme violet pour calanca, ou le violet clair.

Il faut prendre une mesure de couleur noire de l'article XI, & deux mesures de vinaigre, y ajouter pour chaque pinte trois onces de salpêtre, une once & demie de sel gemme, demi-once d'esprit de sel ammoniac: le tout cuit & gommé comme ci-devant.

Article XVIII.

Autre maniere de faire le troisieme violet, en plus grande quantité & à moindres frais.

Il faut mettre dans une chaudiere sept seaux d'eau claire, & autant de couleur noire de l'article IX; ajoutez-y deux livres de sel gemme, faites bouillir le tout ensemble pendant une

heure & demie, ayant soin de toujours bien l'écumer. On transvase la
liqueur dans une cuve, & on la laisse
reposer quatre jours ; ensuite, pour
s'en servir, on prend la quantité que
l'on veut, & l'on y ajoute pour chaque
pot une livre de gomme pilée, que
l'on fait fondre dans la couleur, ou
bien quatre onces d'amidon, que l'on
détrempe avec suffisamment d'eau
froide. Après qu'elle est cuite avec
cette eau & passée au tamis, on la mêle
avec la couleur pour s'en servir.

Remarquez que le seau contient
douze pots ou vingt-quatre pintes,
mesure de Paris.

Article XIX.

Autre violet plus clair.

Après avoir mis dans une cuve
trente-six seaux d'eau gommée bien
épaisse, on y ajoute treize seaux de la
couleur noire de l'article IX, & deux
livres de sel gemme pilé, le tout bien
mêlé ensemble ; ajoutez-y encore trois
seaux de la même couleur noire, &
remuez bien le tout. On peut s'en

servir tout de suite, après l'avoir passé au tamis.

Article XX.

Autre violet pour des fonds.

Prenez soixante pots de couleur noire de l'article IX, faites-les cuire & écumer en la maniere ordinaire ; gommez de même cette liqueur : ajoutez-y ensuite soixante pots d'eau, dans laquelle vous aurez fait fondre six livres de chaux vive, & cinquante livres de salpêtre : mêlez bien le tout, & passez-le au tamis. Bon & éprouvé.

Article XXI.

Autre violet pour calanca.

Il faut mettre dans un pot de terre net soixante pots de couleur noire de l'article IX, cinq pots d'eau de gomme bien épaisse, une livre de sel gemme ; le tout étant bien mêlé ensemble, la couleur est faite.

ARTICLE XXII.

Autre violet plus clair.

On met ensemble six pots de couleur violette de l'article XXI, quatre pots de vinaigre, & l'on gomme à l'ordinaire. Eprouvé bon.

ARTICLE XXIII.

Autre violet plus clair.

Il faut mettre ensemble six pintes de violet foncé de l'article XXI, avec quinze pintes d'eau gommée. Eprouvé bon.

ARTICLE XXIV.

Autre violet.

Prenez un pot de couleur noire de l'article IX, deux pots d'eau de gomme bien épaisse, & une once de sel gemme : mêlez bien le tout ensemble, & passez-le au tamis. Eprouvé bon.

ARTICLE XXV.

Autre violet très-beau & solide.

Il faut mettre dans une cuve, sur dix seaux de bain de ferraille, faite avec du vinaigre de bierre blanche, trois seaux de vinaigre de vin; ajoutez-y cent cinquante livres de ferraille bien nétoyée, & laissez le tout infuser pendant six jours; ajoutez-y encore une livre de sel de saturne : ensuite tirez au clair, & gommez comme ci-devant.

ARTICLE XXVI.

Façon de faire le premier rouge pour calanca, très-solide.

Mettez dans un pot de terre sept onces d'alun de Rome pilé, une once & demie de sel ammoniac, une once & demie de sel de nitre ou salpêtre, une once d'arsenic rouge ou orpiment, le tout bien pilé, & détrempé ensemble dans une pinte de vinaigre. Laissez tremper ce mêlange pendant vingt-quatre heures.

Ayant fait détremper à part aussi

dans du vinaigre , une once & demie de foude d'Alicante , pilée bien fine , que l'on a foin de remuer peu à peu, jufqu'à ce qu'elle ne fermente plus , on la verfe avec les drogues précédentes. Ajoutez-y encore demi-once de fel de faturne , avec une pinte & demie d'eau ; faites bouillir le tout enfemble quelques minutes , remuant continuellement. On le gomme avec l'amidon comme à l'ordinaire.

ARTICLE XXVII.

Second rouge pour calanca.

On mêle enfemble quatre onces d'alun de Rome , une once de fel ammoniac, demi - once de falpêtre , un quart d'once d'orpiment , demi-once de foude d'Alicante , deux onces d'alun calciné ; le tout étant mis en poudre , vous le mêlerez bien enfemble, & vous verferez par-deffus une pinte & demie d'eau de riviere toute gommée , ayant foin de remuer jufqu'à ce que le tout foit fondu, & la couleur eft faite.

Article XXVIII.

Autre sorte de rouge pour calanca.

Il faut sur deux pintes d'eau mettre une livre d'alun de Rome, que vous ferez fondre sur le feu ; ajoutez - y ensuite une once & demie d'arsenic blanc, une once & demie de litarge d'or, quatre onces de sel de saturne, demi-once d'antimoine, demi once de sublimé corrosif, une once de soude d'Alicante pilée fine : faites fondre le tout ensemble sur un feu doux, & gommez à l'ordinaire. Si on y met la vingtieme partie d'un pot de couleur noire de l'article IX, on aura un rouge extrêmement foncé, tirant sur le pourpre. Eprouvé.

Article XXIX.

Autre rouge très-beau.

On fait fondre dans suffisante quantité de vinaigre quatre onces d'alun de Rome, demi-once de sublimé corrosif, une once d'arsenic blanc, demi-once de sel de saturne, & demi-once de foude d'Alicante ; ajoutez-y un demi - verre d'efprit de vin. Mêlez bien le tout dans trois pintes d'eau gommée , & le rouge eft fait.

Article XXX.

Troifieme rouge pour calanca fin.

Faites fondre dans deux pots d'eau une once d'alun de Rome , une once d'arfenic blanc , un huitieme d'once de foude d'Alicante broyée avec du vinaigre , & un quart de verre d'efprit de vin , comme ci-deffus : très-bon.

Article XXXI.

Autre excellent rouge pour teindre des toiles fines en grande quantité.

On fait fondre foixante livres d'alun de Rome dans quarante-huit feaux d'eau que l'on verfe dans une cuve avec deux livres de *terra merita* , ou de raucour ; ajoutez enfuite dans la cuve fix livres de foude d'Alicante , fix livres de fel ammoniac , huit falsfaris , & encore fix feaux d'eau chaude. Le

tout ayant été bien remué & mêlé enfemble, laiffez le repofer vingt-quatre
heures. Si on le gomme avec de la
gomme arabique, il en faut cent dix
livres fondues avec de l'alun : fi on fe
fert d'amidon, il en faut dix ou onze
livres délayées & cuites à part, que
l'on paffe au tamis & que l'on mêle
avec la couleur.

A r t i c l e XXXII.

Autre très-beau rouge pour imprimer fur
des toiles fans engalier.

Mettez dans un pot, contenant
vingt-huit pintes, fix livres d'alun de
Rome en poudre; verfez deffus dix
pintes d'eau chaude, demi-livre de
foude d'Alicante, & demi - livre de
fel de faturne : laiffez tremper ce mêlange pendant quatre jours, ayant foin
de le remuer tous les jours deux fois;
au bout de ce tems, vous y ajouterez feize pintes d'eau gommée bien
épaiffe, & la couleur fera faite.

ARTICLE XXXIII.

Autre rouge brun, dit fin rouge.

Mettez dans une cuve cent dix livres de gomme en poudre, verfez par def-fus cent huit pots d'eau bien chaude, & remuez toujours jufqu'à ce que la gomme foit fondue : ajoutez-y cinq livres de vitriol commun, cinq livres de falsfaris, vingt-cinq livres d'alun de Rome fondu dans quinze pintes d'eau à part, que l'on verfe par-deffus le tout, ce qui doit faire bouillonner la couleur pendant un quart d'heure : on remue toujours jufqu'à ce que le tout foit bien fondu. Si l'on veut l'a-voir plus foncé, on y ajoute une livre de raucour, ou un verre de couleur noire de l'article IX, & l'on paffe le tout au tamis pour s'en fervir.

ARTICLE XXXIV.

Autre rouge.

Faites fondre cinquante-cinq livres d'alun de Rome dans quatre feaux d'eau chaude, ajoutez-y fix livres de blanc de plomb ou de céruse détrempé à part, trois livres de soude d'Alicante aussi détrempée à part, vingt-deux livres de sel de saturne détrempé à part ; mêlez bien le tout ensemble, remuez bien, & laissez-le reposer vingt-quatre heures. Vous y mettrez ensuite huit seaux d'eau gommée comme à l'ordinaire, & vous passerez cette couleur au tamis avant que de vous en servir.

Article XXXV.

Autre sorte de rouge bon pour patenace.

Mettez dans une cuve deux cens livres de gomme pilée, & versez dessus quatorze seaux d'eau chaude ; remuez bien jusqu'à ce que la gomme soit fondue ; ajoutez-y dix livres de soude d'alicante détrempée à part, six livres d'arsenic blanc détrempé aussi à part, cinquante livres d'alun de Rome fondu à part dans six seaux d'eau chaude, six livres de garance que l'on met avec l'alun dans les six seaux d'eau chaude : versez le tout dans la cuve où est l'eau de gomme ; ajoutez en-

core cinq livres de craie blanche détrempée à part. Si les ingrédiens sont
bons, la couleur doit s'enfler ; c'est
pourquoi il faut que la chaudiere soit
assez grande pour que la couleur ne
se perde pas.

ARTICLE XXXVI.

Autre rouge pour patenace , beau &
bon.

Ayant mis dans une cuve assez grande
cent douze livres d'alun de Rome, versez dessus neuf seaux d'eau tiede ; laissez-le dissoudre pendant vingt-quatre
heures ; ajoutez-y huit livres de blanc
de plomb détrempé à part , vingt-
cinq livres de sel de saturne détrempé
à part, & quinze seaux d'eau gommée
comme à l'ordinaire : mêlez bien le
tout ensemble, & passez au tamis, puis
servez-vous-en. Eprouvé.

ARTICLE XXXVII.

Autre rouge pour le même.

On met dans une cuve quarante six
livres d'alun de Rome, on verse dessus

cinq feaux d'eau , & on le laiffe tremper pendant vingt-quatre heures : ajoutez-y fix livres de blanc de plomb détrempé à part , quatre livres de foude
d'Alicante auffi détrempée à part , &
fix livres de fel de faturne ; mêlez bien
le tout enfemble dans dix-fept feaux
d'eau gommée , & paffez-le au tamis
comme il eft dit ci-devant.

ARTICLE XXXVIII.

Autre rouge Anglois.

On met dans un pot , contenant
trente pintes , huit livres d'alun pilé ,
une livre de foude d'Alicante pilée &
détrempée avec du vinaigre , une livre
d'arfenic blanc détrempé avec de l'eau ,
& deux onces de potaffe : verfez deffus dix pintes d'eau chaude , & remuez bien le tout. Ajoutez-y une livre
de blanc de plomb détrempé à part ,
une livre de fel de faturne , une livre
de litarge d'or , un quart de livre d'orpiment , & dix-huit pintes d'eau gommée ; remuez bien le tout enfemble
pendant une demi-heure , enfuite paffez-le au tamis.

ARTICLE

ARTICLE XXXIX.

Autre excellent rouge pour toile fine.

Ayant mis dans un pot, contenant vingt-huit pintes, six livres d'alun de Rome en poudre, verfez deffus douze pintes d'eau chaude, remuez pendant une heure ; ajoutez-y une livre de foude d'Alicante détrempée à part, deux onces de vitriol de Chypre, & un quart d'once de falpêtre : remuez le tout enfemble encore pendant une heure ; ajoutez-y enfuite trois livres de fel de Saturne : verfez deffus le tout quatorze pintes d'eau gommée ; laiffez repofer la couleur vingt-quatre heures pour vous en fervir.

ARTICLE XL.

Autre rouge plus beau.

Verfez fur vingt-une livres d'alun de Rome en poudre quarante-huit pintes d'eau froide, & remuez bien ; ajoutez-y deux onces de vitriol de Chypre, quatre livres de foude d'A-licante détrempée à part, trois livres de fel de Saturne, & vingt-huit pintes d'eau gommée bien épaisse : remuez bien le tout ensemble, & la couleur est faite.

Article XLI.

Maniere de faire le second & le troisieme rouges pour calanca.

On mêle bien ensemble parties égales du rouge de l'article XXXIII, & d'eau gommée ; & pour faire le petit rouge, on mêle ensemble parties égales du second rouge de cet article, & d'eau gommée.

Article XLII.

Pour faire du rouge rose.

Sur une livre de bois de Bréfil, ou de Fernambouc, qui a trempé dans de l'eau de pluie ou de riviere pendant vingt-quatre heures, on verse dessus huit pintes de la même eau, une demi-once d'agaric raclé, & un huitieme d'once de mouches cantarides ; on fait bouillir le tout ensemble jusqu'à diminution de moitié, on le passe au

tamis ; & pour s'en fervir, on y ajoute
deux onces d'alun de Rome en poudre, ou de la crême de tartre, plus ou
moins, à proportion qu'on veut fon-
cer la couleur ; pour la gommer, il
faut trois quarts de livre de gomme
arabique pour chaque pot de couleur.

ARTICLE XLIII.

*Pour faire de la couleur mufc , & de
l'incarnat pour imprimer des fonds.*

Pour le mufc, vous mêlerez enfemble une mefure de rouge de l'article XXXIII, avec trois mefures de
noir de l'article IX. Pour faire l'incarnat, on met fur dix mefures du
même rouge, une mefure du même
noir.

ARTICLE XLIV.

*Méthode pour bouillir les pieces fans
garance.*

On met dans vingt-quatre pintes
d'eau de riviere, une pinte du bouillon comme il eft indiqué à l'art. XLII,
& on y paffe les pieces comme dans la

garance, excepté qu'on les retire avant
que la chaudiere bouille : on les blanchit à l'ordinaire.

Article XLV.

*Maniere de bouillir les pieces à la
cochenille.*

On fait bouillir dans un pot de terre
dix pintes d'eau , avec demi-livre de
cochenille , pendant une demi-heure ;
on le met enfuite dans la chaudiere où
l'on veut faire bouillir les pieces , &
pour chaque pinte de cette couleur ,
on y ajoute vingt-quatre pintes de la
même eau , & l'on paffe les pieces
comme avec la garance.

Article XLVI.

*Autre méthode pour bouillir des pieces ;
favoir , noir , citron , & olive , bon
teint.*

Les pieces doivent être imprimées
avec le rouge & le noir ordinaire ; &
pour faire la couleur d'olive , on imprime avec un mêlange de parties
égales de petit rouge & de petit vio-

let ; enfuite on fait une forte décoction de genet , herbe jaune , avec de
l'eau de pluie : après l'avoir épluchée ,
en la coupant en deux , on jette le
côté de la racine pour ne fe fervir que
de l'autre bout : on met dans un pot
de cette couleur , vingt-quatre pots
d'eau de riviere ; on fait enfuite bouillir les pieces dedans comme dans la
garance , ainfi qu'on l'a expliqué article VII. On voit avec plaifir que tout
ce qui eft imprimé en noir refte noir ,
le rouge devient citron , & le mêlange
du petit violet & du petit rouge devient olive. On les blanchit comme
ci-deffus.

Article XLVII.

Pour faire du jaune folide à imprimer.

On prend la quantité que l'on veut
de limaille de fer , préparée comme il
eft dit à l'article XI : on la met dans
un tonneau , & pour chaque livre on
verfe deffus fix pintes de bon vinaigre
de vin , une demi-once d'orpiment du
plus jaune , un huitieme d'once de
verd de gris , & une pincée de faffran ;

broyez bien le tout avec du vinaigre, & laiſſez-le tremper pendant ſix ſemaines, en ſoutirant la liqueur tous les jours trois ou quatre fois, & la reverſant toujours deſſus. Enſuite on fait cuire & écumer cette couleur, & on la gomme comme les autres.

Article XLVIII.

Pour faire le bleu ſolide à peindre & à imprimer.

On met dans un pot de terre neuf quatre onces de chaux vive, & quatre onces de ſoude d'Alicante en poudre : on fait bouillir les deux drogues enſemble, enſuite on filtre cette leſſive au papier gris, & ſur neuf onces de cette liqueur, on met une once d'indigo catimalo bien broyé avec de la même leſſive, une demi-once d'arſenic rouge ou orpiment, deux onces & demie de potaſſe, & deux onces & demie de gomme arabique en poudre. On fait cuire le tout enſemble, juſqu'à ce que le deſſus paroiſſe brillant comme du cuivre rouge, & la couleur eſt faite. Eprouvé.

Article XLIX.

Autre bleu solide sans indigo.

On met dans un pot neuf trois onces de chaux vive, deux onces de soude d'Alicante en poudre, demi-once de tartre de Montpellier, aussi en poudre, & trois pintes d'eau de pluie. Faites bouillir le tout pendant une demi-heure ; filtrez cette lessive au papier gris, & sur une demi-pinte de cette lessive ajoutez-y quatre onces de lacmous d'Angleterre (ce sont de petites pierres bleues) ; ajoutez encore une demi-once d'orpiment, & six onces de gomme arabique : broyez bien le tout, & faites-le cuire comme le précédent. Eprouvé.

Article L.

Façon d'imprimer le bleu solide.

Au lieu de chaux, comme il est dit ci-devant, on fait bouillir de la graine de lin dans suffisante quantité d'eau, & l'on verse le tout dans le grand baquet, en place d'eau gommée.

On met ensuite un chaffis de toile cirée qui nage deffus cette drogue ; on
met encore un autre chaffis qui entre
dans celui-là, dont le fond doit être
de chapeau de caftor, ou de peau de
chamois, fur laquelle on étend la couleur. Il faut avoir grand foin, en quit-
tant l'ouvrage, de bien laver la planche
dont on s'eft fervi, ainfi que le chaffis
de peau. Il faut auffi que les pieces que
l'on imprime foient bien calandrées.

Article LI.

Autre bleu folide pour mettre au pinceau.

Sur huit pintes d'eau nette, mettez
fix onces de potaffe ou cendre gravelée, deux onces de tartre de Montpellier en poudre, demi-once d'indigo
broyé fin, une livre de chaux vive en
poudre, & mife peu à peu dans le
pot ; faites bouillir le tout enfemble
pendant une demi-heure, & gommez
avec du fucre candi, jufqu'à ce qu'il
ne fonge plus fur la toile.

ARTICLE LII.

Autre forte de bleu à imprimer.

Ayant mis dans une chaudiere vingt livres de bois de Bréfil moulu, verfez deffus quatorze feaux d'eau ; laiffez-le tremper vingt-quatre heures fur un petit feu doux, pour l'entretenir toujours chaud ; mettez-y enfuite quatre onces de garance, deux onces d'alun de Rome, quatre onces d'indigo broyé fin : augmentez le feu & faites bouillir la liqueur jufqu'à diminution de moitié. Il faut paffer cette couleur au tamis, & à mefure qu'on veut s'en fervir, on y ajoute fur chaque pot une demi-once de vitriol de Chypre en poudre, & on la gomme avec de la gomme arabique.

ARTICLE LIII.

Façon de faire le bleu appellé bleu Anglois.

Ce bleu ne fe fait que fur des toiles fines, & l'on n'a befoin pour l'imprimer, que d'indigo bien broyé avec de la leſſive de potaſſe.

Pour faire cette leſſive, on fait bouillir une livre de potaſſe dans trois pintes d'eau de riviere, juſqu'à diminution du tiers. Vous filtrez cette leſſive au papier gris; & pour vous en ſervir, il faut broyer votre indigo bien fin, & en conſiſtance de bouillie claire propre à imprimer.

Les deſſeins que l'on exécute en cette ſorte d'indienne, doivent être gravés extrêmement fin, & tout ombrés, parce qu'on n'y met jamais qu'une couleur : quand la piece eſt imprimée, on la laiſſe ſécher vingt-quatre heures, enſuite on la paſſe par les bains comme ci-après, que l'on tient tout préparés.

Compoſition du premier bain.

Faites fondre cinquante livres de chaux vive dans vingt-cinq ſeaux d'eau de riviere, dans un vaiſſeau de bois : quand la chaux eſt toute éteinte, & qu'elle ne fermente plus, laiſſez-la repoſer, & tirez cette eau au clair, par inclination , dans une autre cuve. Il faut que cette cuve soit assez large , pour que les pieces puissent entrer dedans toutes déployées , comme il sera dit ci-après.

Composition du second bain.

Vous avez vingt-cinq seaux d'eau de riviere dans une chaudiere sur le feu ; vous y mettez vingt livres de belle potasse, que vous faites bouillir pendant une heure, en remuant de tems en tems avec un bâton , après quoi vous la laissez refroidir , & la tirez au clair dans une cuve aussi grande que la premiere.

Remarquez qu'en faisant bouillir la potasse, on y met un sac de toile forte, suspendu par une ficelle à un bâton qui traverse la chaudiere , dans lequel sac on aura mis deux livres d'orpiment en paillettes d'or & en poudre : vous l'y laissez tout le tems que la chaudiere bout.

Composition du troisieme bain.

On mêle ensemble dans une cuve, de même grandeur que les autres ,

quatre parties d'eau de riviere & une
d'efprit de vitriol, & l'on fait de ce
mêlange autant qu'il en faut pour éga-
ler la même quantité des deux autres.

Façon de paſſer les pieces par les bains.

Les trois bains étant ainſi préparés,
vous y paſſez vos pieces par le moyen
d'un tourniquet établi au-deſſus de
chaque cuve. On commence par le
bain de chaux, & l'on y fait paſſer la
piece toujours en allant & venant pendant un quart d'heure. Après l'avoir
retirée du premier bain, vous la paſſez tout de ſuite dans le bain de potaſſe de la même façon, & pendant le
même eſpace de tems. Votre piece
doit devenir dans ce bain extrêmement
ſale, couleur de cendre. On la retire
& on la paſſe le plus vîte qu'il eſt poſſible par le bain de vitriol, juſqu'à ce
que la piece ſoit blanche : alors le bleu,
imprimé avec l'indigo ſeulement, eſt
bon teint.

Ces mêmes cuves peuvent ſervir juſqu'à extinction, excepté celle de vi-

triol, qu'il faut renforcer quand elle
eſt affoiblie. *Ce ſecret eſt tiré d'un fa-
meux coloriſte Anglois.* Eprouvé.

ARTICLE LIV.

Verd à imprimer, beau & bon. Eprouvé.

Mettez dans une chaudiere quinze
livres de bois de Bréſil moulu, dix
livres de bois jaune ou de campêche,
quatre onces de chaux vive; verſez
deſſus douze ſeaux d'eau, & faites
bouillir le tout juſqu'à la conſomma-
tion du tiers; tirez le enſuite au clair,
faites bouillir pendant une heure toute
la liqueur que vous en aurez retirée,
avec huit livres de graine d'Avignon
concaſſée : paſſez cette couleur au tamis, & conſervez-la dans un vaſe bien
bouché. On la gomme à meſure qu'on
s'en ſert, & on y ajoute pour chaque
pot un quart d'once de verd de gris en
poudre. Il eſt bon & éprouvé.

Article LV.

Autre verd.

On met douze feaux d'eau fur dix-fept livres de bois de Bréfil moulu, onze livres de bois jaune, quatre onces de raucour & quatre onces de chaux vive ; on fait bouillir tout cela jufqu'à diminution du tiers, & on le paffe au tamis. Faites bouillir cette teinture avec neuf livres de graine d'Avignon pilée, & pour le refte, vous gommérez & préparerez comme le verd précédent.

Article LVI.

Pour faire du beau jaune à imprimer, bon pour des fonds.

Faites tremper dans un demi feau d'eau une livre de noix de galle concaffée ; ayant mis enfuite fur le feu une chaudiere & cinq feaux d'eau dedans, vous y verferez l'infufion de galle, & vous y ajouterez vingt livres de bois jaune, & dix livres de graine d'Avignon concaffée : faites cuire tout

cela jufqu'à diminution de moitié ;
ajoutez-y trois livres d'alun de glace
fondu à part. Paffez le tout au tamis,
& gommez avec de la gomme arabique.

ARTICLE LVII.

*Autre forte de jaune pour mettre au
pinceau.*

Il faut mettre deux onces de graine
d'Avignon pilée , une once de bois
jaune , une once d'écorce d'orange , &
une once d'écorce de pomme de grenade , dans trois pintes d'eau de riviere ou de pluie ; laiffez tremper le
tout vingt - quatre heures : enfuite
faites-le cuire pendant deux heures ;
ajoutez-y une demi-livre d'alun pilé
& fondu à part, & mettez-y la gomme
néceffaire. Si on veut l'avoir plus jonquille , on y met un peu d'eau forte
tirée fur du fel gemme , ou fur de la
chaux vive.

ARTICLE LVIII.

Maniere de faire la cuve bleue à froid,
pour les mouchoirs à double face.

On met dans une cuve de bois blanc, pour chaque livre d'indigo broyé fin, deux livres de couperose, quatre livres de chaux vive, & douze pots d'eau : laissez tremper le tout vingt-quatre heures, dans l'espace duquel tems on remue les drogues de tems à autre : on a de l'autre eau tirée sur de la chaux vive, une livre pour chaque seau ; on ajoute de cette seconde eau quatre seaux pour un de la premiere : on le laisse cuver pendant huit jours, en le remuant quatre fois le jour, après quoi on essaie de tremper des petits morceaux de toile ou de coton. On connoît que la couleur est bonne, si les morceaux de toile sont bien verds en les sortant de la cuve, & deviennent bleus en les lavant. Quand la cuve commence à s'affoiblir, on lui redonne de la force en y mettant un peu de chaux vive & de cendre gravelée, ou de pierre à vin en poudre.

ARTICLE LIX.

Composition pour faire le réservage.

Il faut pour chaque pinte d'eau six onces de gomme pilée, un quart d'once d'amidon détrempé à l'eau froide, une demi-once de thérébentine, un quart d'once de suif de chandelle : on laisse bouillir le tout ensemble pendant un demi-quart d'heure, ensuite on le retire du feu & l'on y ajoute huit onces de terre de pipe détrempée avec de l'eau comme l'amidon ; on mêle bien le tout ensemble en remuant sans cesse, jusqu'à ce que cela soit froid. Si la liqueur étoit trop claire, on y ajouteroit de l'amidon & du suif autant qu'il en sera besoin. On imprime avec cette composition tout le blanc que l'on veut réserver dans un fond bleu, & tous les fonds qui se teignent en cuve à froid.

Article LX.

Autre composition pour faire des indiennes bleues & blanches, dites porcelaines.

On fait fondre dans quatre pintes d'eau huit onces de gomme en poudre, & on prend de cette eau pour broyer sur un marbre huit onces de terre de pipe, & autant d'arsenic blanc, broyé à part avec la même eau ; ensuite on les mêle ensemble, & l'on y ajoute quatre blancs d'œufs, & gros comme une noix de noir de fumée : on ne met pas toute l'eau de gomme à la fois, mais seulement ce qui est nécessaire pour que la composition soit assez épaisse pour imprimer.

Article LXI.

Maniere de faire des fonds gris de perle.

On prend de la couleur bleue, comme il est dit à l'article XLVIII, on y ajoute quatre fois autant d'eau, on la fait bouillir, & on la met

dans un baquet propre à paſſer les
pieces ; & quand cette couleur eſt
froide , on les y paſſe avec un mou-
linet. Il faut , avant que de paſſer les
pieces , que la compoſition du réſer-
vage ſoit bien ſeche. On fait les fonds
auſſi foncés que l'on veut , en repaſ-
ſant les pieces à pluſieurs repriſes : enſuite on les lave , pour ôter la compoſition qui couvroit les fleurs.

Article LXII.

Pour faire des fonds olive.

On fait bouillir enſemble des herbes
de gaude avec autant de bois jaune
pendant deux heures , avec une qua-
trieme partie de potaſſe ; on a du bois
de Bréſil , qui a trempé à part depuis la
veille , on le fait bouillir de même
avec un peu de verd de gris : on mêle
de cette derniere teinture avec la premiere , à proportion qu'on veut que
la couleur ſoit plus ou moins foncée.
On y paſſe les pieces comme à l'article
précédent.

Article LXIII.

*Secret pour faire revenir la couleur noire
& violette, que le soleil auroit altérée
sur le pré.*

On met sur deux onces de bois de
Bréfil trois pintes d'eau, & on fait cuire
cela jusqu'à diminution de moitié : on
met de ce bouillon dans la grande
chaudiere, & pour chaque pot on y
ajoute vingt pots d'eau de riviere.
Quand le tout eft bien chaud, on y
paffe les pieces qui n'ont pas affez de
couleur, & on fait la même opération
que lorfque l'on paffe par la garance,
fi ce n'eft qu'il ne faut pas laiffer bouillir les pieces. On les fait laver & remettre fur le pré, pour les reblanchir.

Article LXIV.

*Recette pour ôter les taches qu'on auroit
pu faire en fabriquant les pieces.*

On met de l'ofeille de pré dans un
pot de terre, on le remplit avec du
bon vinaigre, on le couvre bien, &
on la laiffe tremper jufqu'à ce que l'on

voie qu'elle devienne jaune & se pour-
risse ; après quoi on la fait bouillir
un peu , & on y ajoute , en la retirant
du feu , un quart d'once d'esprit de vitriol pour chaque pinte , & plein une
uilliere à bouche de jus de citron.
'our empêcher que cette liqueur ne
)ule en la mettant sur les taches, on
met , en la faisant cuire , une once
e savon gris par pinte ; ensuite avec
un pinceau on en met sur toutes les
taches pendant que les pieces sont encore sur le pré.

Article LXV.

Secret pour ôter les couleurs bleues ,
vertes , & jaunes.

On met sur deux seaux d'eau une
livre & demie d'alun de Rome , une
livre de tartre ou pierre de vin , &
une once & demie d'eau forte : on fait
)ouillir le tout ensemble ; on le laisse
efroidir , & on y trempe les pieces à
)lusieurs reprises ; on les rince aussi-
ôt , & on les repasse dans une chau-
liere avec de l'eau de potasse ou cen-
lre gravelée , avec un peu de jus de
:itron , ou du bon vinaigre.

Article LXVI.

Pour donner un beau luftre aux pieces,
lorfqu'elles font toutes finies & blan-
chies.

Après que les pieces font bien blanches, on les rince bien à l'eau courante ; on fait enfuite cuire fuffifante
quantité d'amidon en confiftance de
bouillie, dans laquelle on met, en
cuifant, un peu d'indigo broyé bien
fin avec de l'urine, prenant garde de
n'en pas mettre plus qu'il ne faut pour
donner un œil bleuâtre à l'amidon.
Lorfqu'on veut donner l'aprêt aux
pieces, on met dans une cuve autant
d'eau que d'amidon, & on tord les
pieces fur cette cuve, pour ne pas
perdre l'aprêt qui en fort. Quand les
pieces font feches, on les détire, on
les calandre, & on les paffe au fati-
nage pour les glacer, après les avoir
frotté de cire.

Article LXVII.

*Instruction pour mettre les bleus, les
jaunes, & les verds, après que les
pieces sont hors de dessus le pré.*

Il y a plusieurs façons de mettre
les bleus, les jaunes, & les verds sur
les indiennes : les uns les mettent
à la planche, les autres les mettent
au pinceau ; la derniere façon est la
meilleure : je vais cependant parler
des deux, afin que l'on connoisse l'a-
vantage de l'une & de l'autre. Ceux
qui mettent ces couleurs à la planche,
sont obligés de faire graver les planches
que l'on nomme *rentrures* : on étend
le bleu & le jaune dans le chassis,
comme les autres couleurs, obser-
vant qu'il faut des chassis exprès. On
imprime premiérement le bleu, ensuite on lave la piece tout de suite,
en la laissant un peu tremper, après
quoi on la fait sécher, pour y appliquer le jaune qui s'imprime de même.
Avec ces deux planches on fait trois
couleurs, qui sont, bleu, verd, &
jaune ; tous les verds & les bleus

doivent être imprimés avec la planche
bleue ; tous les jaunes & les verds se
font aussi avec la planche jaune. On
comprend aisément que tout ce qui
doit être verd est imprimé de bleu &
de jaune , que les fleurs bleues ne se
couvrent point de jaune, & qu'on ne
met point de bleu sous les fleurs
jaunes.

*Fin des secrets concernant la fabrication
de l'indienne.*

SECONDE

SECONDE PARTIE.

MANIERE simple, vraie, & immanquable de faire toutes les couleurs en liqueur, dont on se sert pour peindre sur les étoffes de soie, en mignature ; pour laver les desseins & les plans ; teindre le papier, la paille, & le crin, &c.

Ces couleurs n'alterent point l'étoffe, comme quelques personnes l'ont avancé, elles sont à l'épreuve du grand air & du soleil.

N.º I.

Pour faire le beau rouge liquide, plus beau que le carmin.

ON prend une once de carmin du plus beau, on le fait bouillir dans un

D

pot ou une caffetiere de faïance brune
& neuve, avec un demi-feptier d'eau
de pluie ou de riviere clarifiée. Quand
elle a bouilli pendant quatre ou cinq
minutes, on verfe dedans la huitieme partie d'un demi-feptier d'efprit de fel ammoniac, peu à peu,
parce que cela fait gonfler la couleur
comme du café. En conféquence, il
faut avoir une cafetiere qui tienne le
double de ce que l'on veut faire de
couleur : quand tout l'efprit de fel
ammoniac y eft entré, on laiffe encore bouillir le tout l'efpace de deux
minutes, enfuite on le laiffe refroidir
& dépofer dans le même vaiffeau pendant vingt-quatre heures, après quoi
on le verfe par inclination dans une
bouteille propre, jufqu'à ce qu'on ap-
perçoive le marc. On doit conferver
foigneufement cette couleur, pour
s'en fervir à tout ce que l'on voudra;
on en verra la beauté & la ténacité, fi
l'on en met fur les doigts.

Remarquez qu'en faifant cette couleur, il faut la remuer comme du
café, avec une cuilliere d'argent, ou
une fpatule de bois blanc. On fait

encore rebouillir le marc comme ci-
deſſus, avec la même quantité d'eau &
d'eſprit de ſel ammoniac, & l'on ſe
conduit de même dans l'opération.
Cela produit un demi-rouge, c'eſt-à-
dire, une couleur de roſe auſſi belle
que peut produire la nature.

Nᵒ. II.

*Maniere de faire le rouge brun, ſi rare
& ſi peu connu, dont M. Stoupan
ſe ſert pour faire ſes beaux paſtels
rouges, que perſonne n'a pu faire
comme lui juſqu'à préſent.*

On prend une livre de beau bois de
bréſil ou de fernambouc, mis en petits
copeaux; on le met dans une bouteille
à large goulot, comme ſont celles dont
on ſe ſert pour confire des ceriſes. Il
faut que cette bouteille tienne quatre
pintes de Paris. En y mettant votre
bois, qui eſt rabotté bien menu, à
chaque lit, épais de quatre doigts,
vous y mettez une once d'alun de
Rome pilé en poudre fine & tamiſé,
de façon que vous en faites quatre
lits, pour qu'il n'y entre que quatre

onces d'alun , & que le dernier lit
soit d'alun. Ensuite on remplit la bouteille avec de l'urine d'homme , que
l'on aura gardée, prenant garde de n'y
pas mettre ce qui se dépose au fond
ordinairement , car cela feroit tourner la couleur. On expose ensuite la
bouteille bien bouchée & point trop
pleine , dans un endroit où le soleil
donne ardemment pendant un mois ,
au bout duquel tems la couleur est
faite. En l'essayant sur du papier , vous
la trouverez d'un rouge rose & tendre ,
& vous remarquerez qu'elle brunit en
séchant : cependant cette couleur est
destinée à faire ce beau rouge foncé
& velouté. Pour l'obtenir , on en met
sur une assiette de faïance, on y mêle
le marc du carmin qui reste de la couleur précédente, & on la met à moitié pleine sur une fenêtre , ou autre
endroit, exposée au grand air : quand
on voit que la couleur est desséchée ,
on y en remet d'autre , & toujours
ainsi, jusqu'à ce qu'on la trouve assez
foncée. On la gomme avec de la
gomme arabique : il est bon de la
gommer en la faisant dessécher. Si

l'on veut que la couleur soit belle &
veloutée, il faut toujours, en l'em-
ployant, qu'il y ait dessous du beau
rouge fait avec le carmin, & vous ferez enchanté de la beauté de cette couleur. On peut également la faire, quoi-
qu'il n'y ait point de soleil, en mettant la bouteille, où elle est renfer-
mée, sur le cul d'un four que l'on
chauffe souvent.

N.º III.

*Façon de faire toutes sortes de violets,
sur tout le beau violet velouté, si rare,
& que tant d'artistes cherchent.*

Prenez une bouteille semblable à
celle dont il est parlé au n°. II; au lieu
de bois de fernambouc, prenez du
bois d'inde, ou bois violet, aussi rabotté, & opérez exactement de même
qu'au n°. II, excepté qu'au lieu d'alun
de Rome, il faut se servir d'alun de
glace. Après que la bouteille a resté
un mois au soleil ou à la chaleur du
cul d'un four, vous faites évaporer de
même la couleur dans une assiette de
faïance, en la gommant avec de la

gomme arabique. Comme il y a beaucoup de choix dans les violets, &
qu'on en fait depuis le pourpre jufqu'au bleu, je donnerai ici la façon
d'en faire quelques-uns, par le moyen
de ces liqueurs. Celui-ci tout pur, fait
un véritable violet, pareil aux fleurs
de pieds d'alouette & de penfées. Pour
l'avoir un peu plus cramoifi, vous y
mettez de la liqueur du n°. II, qui s'ac-
corde parfaitement avec celui-ci, à
votre volonté; vous ferez toujours un
beau violet velouté. Si vous peignez
de grandes parties, comme drapperies
ou groffes fleurs, en y ajoutant un peu
de liqueur bleue, vous ferez de toutes
fortes de violets.

N°. IV.

Secret pour faire différens jaunes rares,
qui ne s'évaporent point à l'air,
comme ceux que l'on a communément.

Prefque tout le monde fait faire du
jaune, mais perfonne n'a trouvé le
fecret d'en faire qui foit permanent,
que les teinturiers qui teignent à
chaud. On peut faire des jaunes avec

beaucoup de différentes drogues, comme gomme gutte, graine d'avignon, gaude, safran, raucour, *terra merita*, fleurs de grenade, fleurs de genets, &c. mais voici comme je les fais.

Jaune citron.

Vous prenez une bouteille comme il est dit au n°. II, vous faites concasser bien menue de la graine d'Avignon, que vous mettez dans la bouteille, & l'emplirez avec de l'urine d'homme clarifiée, dans laquelle vous aurez fait dissoudre une demi-livre d'alun de glace en poudre : après l'avoir bien bouchée, mettez-la au soleil ou sur le cul d'un four pendant un mois, & la couleur est faite. Il n'est pas nécessaire de faire évaporer celle-ci, parce que je vais donner d'autres jaunes plus foncés. Cette couleur se gomme avec de la gomme arabique, & il en faut beaucoup.

N°. V.

Jaune d'or.

Il faut avoir une livre de raucour en

pierre, que vous détremperez dans
six pintes d'urine d'homme : faites
bouillir ce mélange dans un chaudron
de cuivre pendant une heure, après
quoi vous jetterez dedans une demi-
livre de cendre gravelée. Prenez garde
alors que la couleur ne se gonfle, car
elle s'en iroit par-dessus, si le chaudron n'étoit pas assez grand. Laissez
encore bouillir le tout une demi-heure,
retirez-le du feu & le laissez déposer :
vous le tirerez alors au clair par inclination, & le garderez dans des bou-
teilles. Cette couleur fait, dans la peinture sur soie, ce que les ocres font
dans la peinture à l'huile ; mais elles
sont plus belles & plus dorées.

N.º VI.

Autre jaune d'or superbe.

Prenez une once de gomme laque
réduite en poudre, demi-gros de sang-
dragon, & demi - gros de *curcuma*,
l'un & l'autre en poudre, avec un
demi-septier d'esprit de vin. Mêlez
le tout ensemble, & laissez le tremper
vingt-quatre heures, puis mettez la

bouteille au bain marie, & laissez dou-
cement dissoudre tout ce qui peut se
dissoudre. Si en la sortant du bain, &
en en mettant une goute sur de la soie,
elle s'emboit, ensorte qu'on ne puisse
pas écrire avec, il faut faire évaporer
l'esprit de vin jusqu'à ce qu'elle ne
coule plus, & qu'elle puisse soutenir
un trait fin. Six fois cette dose peut
faire un pot de couleur ; elle ne prend
point d'autre gomme que la gomme
laque. Il faut l'employer seule , car
elle ne souffre point de mêlange.
Eprouvée.

N.º VII.

Façon de faire le bleu en liqueur,
très-rare.

Prenez le plus beau bleu de Prusse
que vous pourrez trouver , mettez-le
dans une écuelle de faïance propre,
versez dessus de l'esprit de sel marin
fumant, jusqu'à ce qu'il surnage : cela
bouillonne & réduit le bleu de Prusse
en pâte. Laissez le ainsi vingt-quatre
heures, après quoi vous verserez de
l'eau dessus, & le mettrez dans une

bouteille. Avec deux onces de bleu de Pruſſe , on peut faire une pinte de couleur. Ce bleu ne ſouffre point d'autre gomme que la gomme adragant : celui qui eſt décrit ici eſt très-foncé ; on le dégrade à l'infini, en y mettant de l'eau gommée , faite avec la même gomme adragant.

N°. VIII.

Maniere de faire toutes ſortes de beaux verds , ſans verd de veſſie.

Premier verd.

On prend un demi-ſeptier de verd d'eau , & on le mêle avec moitié autant de jaune citron du n°. IV ; cela vous donne un très-beau verd clair. Je donne ici la façon de faire le verd d'eau , pour ceux qui ne le ſavent pas.

Prenez une demi-livre de verd de gris bien ſec , & un quarteron de tartre de Montpellier, l'un & l'autre réduits en poudre ; mêlez le tout enſemble, avec une pinte d'eau de riviere ou de pluie : bouchez bien la bouteille , & remuez-la deux fois le jour, pendant l'espace de huit ; après quoi vous filtrerez la liqueur au papier gris, & vous aurez du très-beau verd d'eau.

N°. IX.

Verd de pré.

Prenez une chopine de jaune citron du n°. IV, sans être gommé, & mêlez-y de la liqueur bleue du n°. VII, jusqu'à ce que vous le trouviez assez foncé. Ce verd est extrêmement beau, & ne s'efface jamais. L'expérience de ces mêlanges vous fera connoître que l'on peut faire des verds à l'infini.

Avec ces cinq couleurs, savoir, rouge, violet, jaune, bleu & verd, on peut faire généralement toutes les teintes qu'il y a dans la nature. Je donnerai ci-après des exemples des divers effets qui résultent du mêlange de ces couleurs, afin de mettre les artistes à portée de faire les teintes qu'ils desireront à coup sûr, & sans perdre beaucoup de tems ni de couleur.

Nº. X.

Expériences faites sur les couleurs en liqueur , avec les teintes qui en ré-sultent.

En mêlant du rouge nº. I avec du violet nº. III , on fait un très-beau pourpre ; plus ou moins de l'un ou de l'autre , vous donne un cramoisi plus ou moins rouge.

En mêlant un peu du rouge nº. I avec le jaune citron nº. IV, vous faites une couleur d'orange , couleur d'or , couleur de grenade.

En mêlant du rouge nº. I avec le verd de pré nº. IX, vous faites de très-belle couleur de bois, bonne pour les terrasses, & pour les troncs d'arbres.

En mêlant du jaune citron nº. IV avec le violet tout pur nº. III , vous aurez une couleur de bistre superbe : ajoutez-y du jaune d'or nº. V, vous aurez un bistre doré ; ajoutez-y encore du verd nº. IX , vous aurez un bistre extrêmement foncé & velouté.

En mêlant du rouge nº. II avec le jaune citron nº. IV, vous aurez une couleur aurore : ajoutez-y un peu de bleu n°. VII, vous aurez une couleur de bois brune très-belle.

Broyez un peu de blanc de cérufe avec de l'eau gommée fort claire ; mêlez-en un peu avec du rouge n°. I, vous aurez une couleur étonnante.

Mêlez un peu de ce blanc avec du rouge n°. II, vous aurez une couleur cramoifi furperbe.

En mêlant un peu de ce blanc, fans être gommé, avec du bleu n°. VII, vous aurez un bleu qui vous furprendra, & qui ne change jamais.

Si vous mêlez de ce blanc tout gommé avec un mêlange de rouge n°. I & de jaune citron n° IV, vous faites des couleurs de chair à l'infini.

Si vous mêlez le jaune d'or n°. V avec le violet n°. III, vous faites de la couleur de terre admirable, & toujours en liqueur. En général on peut faire des teintes à l'infini en tout genre ; & par le moyen du blanc de cérufe, on fait des couleurs plus belles & plus brillantes que toutes celles qui ont paru jufqu'à préfent. L'auteur n'a écrit la façon de faire ces couleurs qu'après les avoir expérimentées pendant vingt ans, étant deſſinateur & peintre. Il s'en eſt toujours ſervi avec ſuccès, ſoit à peindre en mignature ſur le vélin, ſur le papier, ſur l'ivoire ; ſoit ſur toutes ſortes d'étoffes de ſoie blanche.

N°. XI.

Saffrans de Mars & de Venus.

Prenez une livre de belle coupe-roſe : celle qu'on fait ſoi-même vaut beaucoup mieux que celle qu'on achete ; ayez quatre livres de potaſſe tombée en huile, broyez bien cette couperoſe avec cette huile de potaſſe, juſqu'à ce qu'elle ſoit extrêmement douce ſous la molette, & mettez-la dans un grand vaiſſeau de verre, ajoutant à chaque fois un peu de liquide, afin qu'avant que tout ſoit broyé il ne ſe précipite pas au fond du vaiſſeau. Lorſque tout y ſera entré, remuez la couleur ſale que cela aura faite dans le verre, & faites enſorte que par la portion d'huile de potaſſe que vous aurez broyée avec, & verſée deſſus en remuant, il ſoit comme un ſyrop bien

coulant & pas trop épais. Tourmentez
bien le tout très-souvent pendant un
jour, laissez-le repofer pendant la
nuit, vous verrez le lendemain une
huile tranfparente, couleur de grenat,
qui furnagera ; vuidez-la par inclination, filtrez-la au papier gris, & re-
mettez autant d'huile de potaffe que
vous aurez retiré de liqueur. Remuez
bien encore pendant un jour, & le
lendemain vous verferez ce qui fe trou-
vera deffus par inclination, & le filtrerez comme ci deffus,continuant toujours, jufqu'à ce que rien ne fe teigne
en couleur de grenat. Si les quatre
livres de potaffe ne fuffifent pas, em-
ployez-en cinq ou fix ; vous ne perdrez
de la potaffe que la craffe : enfuite,
vous verferez toute la liqueur qui aura
paffé par le papier gris (qui fera la
valeur d'un demi-feptier ou environ),
dans trois pots d'eau de pluie ; vous
verrez votre eau fe troubler & devenir jaune. Vingt-quatre heures après,
verfez par inclination cette eau falée
dans un autre vafe ; ayant retiré la
poudre jaune qui refte au fond du premier vafe, vous la mettrez fur le fil-

troir de papier gris. Rincez bien le
vase avec de l'eau chaude par plusieurs
reprises, & versez-la toujours sur le
filtroir. Quand tout le liquide sera
écoulé, vous verrez une poudre jaune
sur votre papier gris, c'est le safran
de Mars que vous laisserez sécher.

Pour avoir le safran de Venus, il
faut faire la même opération, &
prendre, au lieu de couperose, du
vitriol de Chypre ; mais ce dernier ne
doit pas toucher la bouche, parce qu'il
est un poison. Il faut recueillir toute
l'eau salée qui aura filtré dans vos
opérations, & la faire évaporer sur le
feu jusqu'au sel sec, que vous remettrez en bouteille, où il redevient huile
de potasse très pure : cette huile peut
servir pour la même opération, & est
meilleure que la premiere fois.

Usage de ces deux safrans.

Proyez sur une glace le safran de
Mars avec du vinaigre distillé, & ren-
forcé par quelques gouttes de dissolution de fer dans l'eau forte : ce safran
est bleu.

Broyez de même celui de Venus avec du vinaigre diftillé, dans lequel vous aurez mis quelques gouttes de diffolution de cuivre dans l'eau forte. Selon que vous voulez la couleur plus ou moins foncée, vous mettez peu ou beaucoup de vinaigre & d'eau forte. Les deux fafrans mêlés enfemble, font un verd fuperbe, étant d'une parfaite unité l'un & l'autre.

N°. XII.

Procédé pour du beau bleu.

Prenez une once de beau bleu de Pruffe, une demi-once d'huile de vitriol, & une demi-once de vinaigre diftillé : broyez avec cela votre bleu de Pruffe extrêmement fin, fur une glace ou verre ; plus vous la broyerez, plus votre couleur fe diffoudra bien. Mettez le tout dans un vafe de verre fur un feu doux, & délayez-le avec du vinaigre diftillé. Il faut le tenir fur le feu, remuant toujours, jufqu'à ce que vous voyiez qu'en laiffant tomber une goutte de cette liqueur dans un verre d'eau, elle devienne toute bleue.

Alors ôtez-la du feu, & verfez peu à peu autant de vinaigre diftillé qu'il en faut pour que le tout faffe un pot. Mettez-le en bouteille, & remuez-le fouvent & long-tems. Laiffez repofer votre couleur pendant trois jours, enfuite paffez-la par un linge, & la confervez. Si vous trouvez que le bleu ne foit pas affez foncé, remettez-le fur le feu, & faites évaporer encore le vinaigre à difcrétion, vous aurez un très-beau bleu. Expérimenté.

N°. XIII.

Pour faire le verd.

Ayant fait une forte décoction de bois jaune avec du vinaigre & non de l'eau, lavez avec cette liqueur jaune le linge dans lequel vous aurez paffé votre bleu, pour ne rien perdre. Si cela ne fuffit pas pour vous donner un beau verd, vous y remettrez un peu de bleu à difcrétion, & vous aurez un beau verd tenace, en le paffant auffi par un linge, & le gardant en bouteille.

On gomme ces couleurs avec de la gomme adragant en poudre fine.

N°. XIV.

Façon de faire un jaune très-solide.

Prenez une once de gomme laque en poudre, deux gros de *curcuma*, deux gros de sang - dragon, le tout en poudre fine ; ajoutez-y un demi-septier d'esprit de vin, & mettez le tout dans un globe de verre : puis ayant bien bouché le globe, mettez-le au bain marie pendant deux ou trois heures, après l'avoir laissé tremper pendant vingt-quatre. Il faut que ce globe tienne un pot, sans quoi il pourroit se casser. Le tout étant froid, faites avec cette liqueur un trait ou une tache sur de l'étoffe quelconque ; si elle s'emboit, ou si elle coule, il faut la remettre au bain marie, déboucher la bouteille, & la laisser évaporer jusqu'à ce qu'elle ne coule plus : alors elle est bonne pour peindre sur l'étoffe. On la conservera dans une bouteille.

N°. XV.

Procédé pour un autre jaune, éprouvé.

Faites infufer quatre livres de *virga aurea* dans trente pintes d'eau de riviere pendant quatre jours, fur un feu très-doux, de forte que l'eau ne foit que tiede, & tenez le vaiffeau (qui doit être d'étain, ou de cuivre étamé) bien bouché. Après cela, filtrez cette décoction au papier gris. Enfuite faites bouillir quatre livres de *terra merita* en poudre, dans une quantité d'eau, avec fix livres de graine d'Avignon, & une demi-livre de fel *d'epfum ;* laiffez repofer cette teinture pendant vingt-quatre heures, après cela décantez le plus clair de deffus le marc, & le mêlez avec la décoction ci - deffus.

Faites bouillir à part deux livres de fleurs de grenade dans vingt pintes d'eau de riviere pendant trois heures; filtrez cette décoction au papier gris, & la mêlez avec les deux autres ci-deffus. Faites bouillir le tout enfemble, avec une livre & demie d'alun de roche en poudre, jufqu'à réduction de quatre pintes. Il faut mettre alors dans cette teinture une livre de compofition pour l'écarlatte, qui eft de l'étain de Cornouaille, diffous dans de l'eau régale. Laiffez encore bouillir le tout pendant un quart d'heure feulement, vous aurez un très-beau jaune folide, qui avec de l'indigo *gati-malo*, diffous par l'huile de vitriol, vous fera un très-beau verd folide. Ce verd & ce jaune font bons pour les indiennes : auffi quelques manufactures d'Angleterre s'en fervent-elles.

N°. XVI.

Expériences utiles & récréatives.

Mêlez de l'eau forte avec de la teinture de tournefol, vous faites du rouge.

Sur ce rouge, mêlez - y un peu d'huile de tartre, vous faites du violet.

Jettez un peu d'eau pure & autant d'huile de tartre fur du fyrop violat, vous aurez une couleur verte.

Jettez de la diffolution de fublimé corrofif fur de l'eau de chaux, vous aurez du jaune.

Mêlez enfemble de l'alun en poudre & du fuc de fleurs d'iris, vous aurez un beau bleu qui devient verd.

Jettez de l'efprit de vitriol fur une teinture de fleurs de grenades, vous aurez une belle couleur d'orange.

Jettez un peu d'huile de tartre fur de la diffolution de fublimé corrofif, vous ferez couleur jaunâtre.

Verfez un peu de fel ammoniac fur ce mêlange-jaunâtre, agitez le mêlange, il deviendra blanc.

Mêlez de la diffolution de vitriol blanc avec de l'infufion de noix de galle, vous ferez du noir.

Fin de la feconde partie, contenant des fecrets fur la compofition des couleurs.